Ce carnet appartient à :

HouBook

Alphabets	Pages	Alphabets	Pages
A	1 - 4	N	53 - 56
B	5 - 8	O	57 - 60
C	9 - 12	P	61 - 64
D	13 - 16	Q	65 - 68
E	17 - 20	R	69 - 72
F	21 - 24	S	73 - 76
G	25 - 28	T	77 - 80
H	29 - 32	U	81 - 84
I	33 - 36	V	85 - 88
J	37 - 40	W	89 - 92
K	41 - 44	X	93 - 96
L	45 - 48	Y	97 - 100
M	49 - 52	Z	101 - 104

Mes Mots de Passe

Site Web : _____

Nom d'utilisateur : _____

Mot de Passe : _____

Email : _____

Téléphone : _____

Notes : _____

Site Web : _____

Nom d'utilisateur : _____

Mot de Passe : _____

Email : _____

Téléphone : _____

Notes : _____

Site Web : _____

Nom d'utilisateur : _____

Mot de Passe : _____

Email : _____

Téléphone : _____

Notes : _____

Mes Mots de Passe

Site Web : _____

Nom d'utilisateur : _____

Mot de Passe : _____

Email : _____

Téléphone : _____

Notes : _____

Site Web : _____

Nom d'utilisateur : _____

Mot de Passe : _____

Email : _____

Téléphone : _____

Notes : _____

Site Web : _____

Nom d'utilisateur : _____

Mot de Passe : _____

Email : _____

Téléphone : _____

Notes : _____

Mes Mots de Passe

Site Web :_____

Nom d'utilisateur :_____

Mot de Passe :_____

Email :_____

Téléphone :_____

Notes :_____

Site Web :_____

Nom d'utilisateur :_____

Mot de Passe :_____

Email :_____

Téléphone :_____

Notes :_____

Site Web :_____

Nom d'utilisateur :_____

Mot de Passe :_____

Email :_____

Téléphone :_____

Notes :_____

Mes Mots de Passe

Site Web :_____

Nom d'utilisateur :_____

Mot de Passe :_____

Email :_____

Téléphone :_____

Notes :_____

Site Web :_____

Nom d'utilisateur :_____

Mot de Passe :_____

Email :_____

Téléphone :_____

Notes :_____

Site Web :_____

Nom d'utilisateur :_____

Mot de Passe :_____

Email :_____

Téléphone :_____

Notes :_____

B Mes Mots de Passe

Site Web :_____

Nom d'utilisateur :_____

Mot de Passe :_____

Email :_____

Téléphone :_____

Notes :_____

Site Web :_____

Nom d'utilisateur :_____

Mot de Passe :_____

Email :_____

Téléphone :_____

Notes :_____

Site Web :_____

Nom d'utilisateur :_____

Mot de Passe :_____

Email :_____

Téléphone :_____

Notes :_____

Mes Mots de Passe

Site Web : _____

Nom d'utilisateur : _____

Mot de Passe : _____

Email : _____

Téléphone : _____

Notes : _____

Site Web : _____

Nom d'utilisateur : _____

Mot de Passe : _____

Email : _____

Téléphone : _____

Notes : _____

Site Web : _____

Nom d'utilisateur : _____

Mot de Passe : _____

Email : _____

Téléphone : _____

Notes : _____

B Mes Mots de Passe

Site Web :_____

Nom d'utilisateur :_____

Mot de Passe :_____

Email :_____

Téléphone :_____

Notes :_____

Site Web :_____

Nom d'utilisateur :_____

Mot de Passe :_____

Email :_____

Téléphone :_____

Notes :_____

Site Web :_____

Nom d'utilisateur :_____

Mot de Passe :_____

Email :_____

Téléphone :_____

Notes :_____

Mes Mots de Passe

Site Web :_____

Nom d'utilisateur :_____

Mot de Passe :_____

Email :_____

Téléphone :_____

Notes :_____

Site Web :_____

Nom d'utilisateur :_____

Mot de Passe :_____

Email :_____

Téléphone :_____

Notes :_____

Site Web :_____

Nom d'utilisateur :_____

Mot de Passe :_____

Email :_____

Téléphone :_____

Notes :_____

Mes Mots de Passe

Site Web :_____

Nom d'utilisateur :_____

Mot de Passe :_____

Email :_____

Téléphone :_____

Notes :_____

Site Web :_____

Nom d'utilisateur :_____

Mot de Passe :_____

Email :_____

Téléphone :_____

Notes :_____

Site Web :_____

Nom d'utilisateur :_____

Mot de Passe :_____

Email :_____

Téléphone :_____

Notes :_____

Mes Mots de Passe

Site Web :_____

Nom d'utilisateur :_____

Mot de Passe :_____

Email :_____

Téléphone :_____

Notes :_____

Site Web :_____

Nom d'utilisateur :_____

Mot de Passe :_____

Email :_____

Téléphone :_____

Notes :_____

Site Web :_____

Nom d'utilisateur :_____

Mot de Passe :_____

Email :_____

Téléphone :_____

Notes :_____

Mes Mots de Passe

Site Web :_____

Nom d'utilisateur :_____

Mot de Passe :_____

Email :_____

Téléphone :_____

Notes :_____

Site Web :_____

Nom d'utilisateur :_____

Mot de Passe :_____

Email :_____

Téléphone :_____

Notes :_____

Site Web :_____

Nom d'utilisateur :_____

Mot de Passe :_____

Email :_____

Téléphone :_____

Notes :_____

Mes Mots de Passe

Site Web : _____

Nom d'utilisateur : _____

Mot de Passe : _____

Email : _____

Téléphone : _____

Notes : _____

Site Web : _____

Nom d'utilisateur : _____

Mot de Passe : _____

Email : _____

Téléphone : _____

Notes : _____

Site Web : _____

Nom d'utilisateur : _____

Mot de Passe : _____

Email : _____

Téléphone : _____

Notes : _____

D Mes Mots de Passe

Site Web :_____

Nom d'utilisateur :_____

Mot de Passe :_____

Email :_____

Téléphone :_____

Notes :_____

Site Web :_____

Nom d'utilisateur :_____

Mot de Passe :_____

Email :_____

Téléphone :_____

Notes :_____

Site Web :_____

Nom d'utilisateur :_____

Mot de Passe :_____

Email :_____

Téléphone :_____

Notes :_____

Mes Mots de Passe

Site Web :_____

Nom d'utilisateur :_____

Mot de Passe :_____

Email :_____

Téléphone :_____

Notes :_____

Site Web :_____

Nom d'utilisateur :_____

Mot de Passe :_____

Email :_____

Téléphone :_____

Notes :_____

Site Web :_____

Nom d'utilisateur :_____

Mot de Passe :_____

Email :_____

Téléphone :_____

Notes :_____

Mes Mots de Passe

Site Web : _____

Nom d'utilisateur : _____

Mot de Passe : _____

Email : _____

Téléphone : _____

Notes : _____

Site Web : _____

Nom d'utilisateur : _____

Mot de Passe : _____

Email : _____

Téléphone : _____

Notes : _____

Site Web : _____

Nom d'utilisateur : _____

Mot de Passe : _____

Email : _____

Téléphone : _____

Notes : _____

Mes Mots de Passe

Site Web : _____

Nom d'utilisateur : _____

Mot de Passe : _____

Email : _____

Téléphone : _____

Notes : _____

Site Web : _____

Nom d'utilisateur : _____

Mot de Passe : _____

Email : _____

Téléphone : _____

Notes : _____

Site Web : _____

Nom d'utilisateur : _____

Mot de Passe : _____

Email : _____

Téléphone : _____

Notes : _____

Mes Mots de Passe

Site Web :_____

Nom d'utilisateur :_____

Mot de Passe :_____

Email :_____

Téléphone :_____

Notes :_____

Site Web :_____

Nom d'utilisateur :_____

Mot de Passe :_____

Email :_____

Téléphone :_____

Notes :_____

Site Web :_____

Nom d'utilisateur :_____

Mot de Passe :_____

Email :_____

Téléphone :_____

Notes :_____

Mes Mots de Passe

Site Web : _____

Nom d'utilisateur : _____

Mot de Passe : _____

Email : _____

Téléphone : _____

Notes : _____

Site Web : _____

Nom d'utilisateur : _____

Mot de Passe : _____

Email : _____

Téléphone : _____

Notes : _____

Site Web : _____

Nom d'utilisateur : _____

Mot de Passe : _____

Email : _____

Téléphone : _____

Notes : _____

Mes Mots de Passe

Site Web :_____

Nom d'utilisateur :_____

Mot de Passe :_____

Email :_____

Téléphone :_____

Notes :_____

Site Web :_____

Nom d'utilisateur :_____

Mot de Passe :_____

Email :_____

Téléphone :_____

Notes :_____

Site Web :_____

Nom d'utilisateur :_____

Mot de Passe :_____

Email :_____

Téléphone :_____

Notes :_____

Mes Mots de Passe

Site Web :_____

Nom d'utilisateur :_____

Mot de Passe :_____

Email :_____

Téléphone :_____

Notes :_____

Site Web :_____

Nom d'utilisateur :_____

Mot de Passe :_____

Email :_____

Téléphone :_____

Notes :_____

Site Web :_____

Nom d'utilisateur :_____

Mot de Passe :_____

Email :_____

Téléphone :_____

Notes :_____

Mes Mots de Passe

Site Web : _____

Nom d'utilisateur : _____

Mot de Passe : _____

Email : _____

Téléphone : _____

Notes : _____

Site Web : _____

Nom d'utilisateur : _____

Mot de Passe : _____

Email : _____

Téléphone : _____

Notes : _____

Site Web : _____

Nom d'utilisateur : _____

Mot de Passe : _____

Email : _____

Téléphone : _____

Notes : _____

Mes Mots de Passe

Site Web :_____

Nom d'utilisateur :_____

Mot de Passe :_____

Email :_____

Téléphone :_____

Notes :_____

Site Web :_____

Nom d'utilisateur :_____

Mot de Passe :_____

Email :_____

Téléphone :_____

Notes :_____

Site Web :_____

Nom d'utilisateur :_____

Mot de Passe :_____

Email :_____

Téléphone :_____

Notes :_____

Mes Mots de Passe

Site Web :_____

Nom d'utilisateur :_____

Mot de Passe :_____

Email :_____

Téléphone :_____

Notes :_____

Site Web :_____

Nom d'utilisateur :_____

Mot de Passe :_____

Email :_____

Téléphone :_____

Notes :_____

Site Web :_____

Nom d'utilisateur :_____

Mot de Passe :_____

Email :_____

Téléphone :_____

Notes :_____

Mes Mots de Passe

Site Web : _____

Nom d'utilisateur : _____

Mot de Passe : _____

Email : _____

Téléphone : _____

Notes : _____

Site Web : _____

Nom d'utilisateur : _____

Mot de Passe : _____

Email : _____

Téléphone : _____

Notes : _____

Site Web : _____

Nom d'utilisateur : _____

Mot de Passe : _____

Email : _____

Téléphone : _____

Notes : _____

G Mes Mots de Passe

Site Web :_____

Nom d'utilisateur :_____

Mot de Passe :_____

Email :_____

Téléphone :_____

Notes :_____

Site Web :_____

Nom d'utilisateur :_____

Mot de Passe :_____

Email :_____

Téléphone :_____

Notes :_____

Site Web :_____

Nom d'utilisateur :_____

Mot de Passe :_____

Email :_____

Téléphone :_____

Notes :_____

Mes Mots de Passe

Site Web : _____

Nom d'utilisateur : _____

Mot de Passe : _____

Email : _____

Téléphone : _____

Notes : _____

Site Web : _____

Nom d'utilisateur : _____

Mot de Passe : _____

Email : _____

Téléphone : _____

Notes : _____

Site Web : _____

Nom d'utilisateur : _____

Mot de Passe : _____

Email : _____

Téléphone : _____

Notes : _____

G Mes Mots de Passe

Site Web : _____

Nom d'utilisateur : _____

Mot de Passe : _____

Email : _____

Téléphone : _____

Notes : _____

Site Web : _____

Nom d'utilisateur : _____

Mot de Passe : _____

Email : _____

Téléphone : _____

Notes : _____

Site Web : _____

Nom d'utilisateur : _____

Mot de Passe : _____

Email : _____

Téléphone : _____

Notes : _____

Mes Mots de Passe

Site Web : _____

Nom d'utilisateur : _____

Mot de Passe : _____

Email : _____

Téléphone : _____

Notes : _____

Site Web : _____

Nom d'utilisateur : _____

Mot de Passe : _____

Email : _____

Téléphone : _____

Notes : _____

Site Web : _____

Nom d'utilisateur : _____

Mot de Passe : _____

Email : _____

Téléphone : _____

Notes : _____

Mes Mots de Passe

Site Web :_____

Nom d'utilisateur :_____

Mot de Passe :_____

Email :_____

Téléphone :_____

Notes :_____

Site Web :_____

Nom d'utilisateur :_____

Mot de Passe :_____

Email :_____

Téléphone :_____

Notes :_____

Site Web :_____

Nom d'utilisateur :_____

Mot de Passe :_____

Email :_____

Téléphone :_____

Notes :_____

Mes Mots de Passe

Site Web : _____

Nom d'utilisateur : _____

Mot de Passe : _____

Email : _____

Téléphone : _____

Notes : _____

Site Web : _____

Nom d'utilisateur : _____

Mot de Passe : _____

Email : _____

Téléphone : _____

Notes : _____

Site Web : _____

Nom d'utilisateur : _____

Mot de Passe : _____

Email : _____

Téléphone : _____

Notes : _____

Mes Mots de Passe

Site Web : _____

Nom d'utilisateur : _____

Mot de Passe : _____

Email : _____

Téléphone : _____

Notes : _____

Site Web : _____

Nom d'utilisateur : _____

Mot de Passe : _____

Email : _____

Téléphone : _____

Notes : _____

Site Web : _____

Nom d'utilisateur : _____

Mot de Passe : _____

Email : _____

Téléphone : _____

Notes : _____

Mes Mots de Passe

Site Web : _____

Nom d'utilisateur : _____

Mot de Passe : _____

Email : _____

Téléphone : _____

Notes : _____

Site Web : _____

Nom d'utilisateur : _____

Mot de Passe : _____

Email : _____

Téléphone : _____

Notes : _____

Site Web : _____

Nom d'utilisateur : _____

Mot de Passe : _____

Email : _____

Téléphone : _____

Notes : _____

Mes Mots de Passe

Site Web :_____

Nom d'utilisateur :_____

Mot de Passe :_____

Email :_____

Téléphone :_____

Notes :_____

Site Web :_____

Nom d'utilisateur :_____

Mot de Passe :_____

Email :_____

Téléphone :_____

Notes :_____

Site Web :_____

Nom d'utilisateur :_____

Mot de Passe :_____

Email :_____

Téléphone :_____

Notes :_____

Mes Mots de Passe

Site Web : _____

Nom d'utilisateur : _____

Mot de Passe : _____

Email : _____

Téléphone : _____

Notes : _____

Site Web : _____

Nom d'utilisateur : _____

Mot de Passe : _____

Email : _____

Téléphone : _____

Notes : _____

Site Web : _____

Nom d'utilisateur : _____

Mot de Passe : _____

Email : _____

Téléphone : _____

Notes : _____

Mes Mots de Passe

Site Web :_____

Nom d'utilisateur :_____

Mot de Passe :_____

Email :_____

Téléphone :_____

Notes :_____

Site Web :_____

Nom d'utilisateur :_____

Mot de Passe :_____

Email :_____

Téléphone :_____

Notes :_____

Site Web :_____

Nom d'utilisateur :_____

Mot de Passe :_____

Email :_____

Téléphone :_____

Notes :_____

Mes Mots de Passe

Site Web : _____

Nom d'utilisateur : _____

Mot de Passe : _____

Email : _____

Téléphone : _____

Notes : _____

Site Web : _____

Nom d'utilisateur : _____

Mot de Passe : _____

Email : _____

Téléphone : _____

Notes : _____

Site Web : _____

Nom d'utilisateur : _____

Mot de Passe : _____

Email : _____

Téléphone : _____

Notes : _____

Mes Mots de Passe

Site Web : _____

Nom d'utilisateur : _____

Mot de Passe : _____

Email : _____

Téléphone : _____

Notes : _____

Site Web : _____

Nom d'utilisateur : _____

Mot de Passe : _____

Email : _____

Téléphone : _____

Notes : _____

Site Web : _____

Nom d'utilisateur : _____

Mot de Passe : _____

Email : _____

Téléphone : _____

Notes : _____

Mes Mots de Passe

Site Web :_____

Nom d'utilisateur :_____

Mot de Passe :_____

Email :_____

Téléphone :_____

Notes :_____

Site Web :_____

Nom d'utilisateur :_____

Mot de Passe :_____

Email :_____

Téléphone :_____

Notes :_____

Site Web :_____

Nom d'utilisateur :_____

Mot de Passe :_____

Email :_____

Téléphone :_____

Notes :_____

Mes Mots de Passe

Site Web : _____

Nom d'utilisateur : _____

Mot de Passe : _____

Email : _____

Téléphone : _____

Notes : _____

Site Web : _____

Nom d'utilisateur : _____

Mot de Passe : _____

Email : _____

Téléphone : _____

Notes : _____

Site Web : _____

Nom d'utilisateur : _____

Mot de Passe : _____

Email : _____

Téléphone : _____

Notes : _____

Mes Mots de Passe

Site Web : _____

Nom d'utilisateur : _____

Mot de Passe : _____

Email : _____

Téléphone : _____

Notes : _____

Site Web : _____

Nom d'utilisateur : _____

Mot de Passe : _____

Email : _____

Téléphone : _____

Notes : _____

Site Web : _____

Nom d'utilisateur : _____

Mot de Passe : _____

Email : _____

Téléphone : _____

Notes : _____

Mes Mots de Passe

Site Web :_____

Nom d'utilisateur :_____

Mot de Passe :_____

Email :_____

Téléphone :_____

Notes :_____

Site Web :_____

Nom d'utilisateur :_____

Mot de Passe :_____

Email :_____

Téléphone :_____

Notes :_____

Site Web :_____

Nom d'utilisateur :_____

Mot de Passe :_____

Email :_____

Téléphone :_____

Notes :_____

Mes Mots de Passe

Site Web : _____

Nom d'utilisateur : _____

Mot de Passe : _____

Email : _____

Téléphone : _____

Notes : _____

Site Web : _____

Nom d'utilisateur : _____

Mot de Passe : _____

Email : _____

Téléphone : _____

Notes : _____

Site Web : _____

Nom d'utilisateur : _____

Mot de Passe : _____

Email : _____

Téléphone : _____

Notes : _____

Mes Mots de Passe

Site Web : _____

Nom d'utilisateur : _____

Mot de Passe : _____

Email : _____

Téléphone : _____

Notes : _____

Site Web : _____

Nom d'utilisateur : _____

Mot de Passe : _____

Email : _____

Téléphone : _____

Notes : _____

Site Web : _____

Nom d'utilisateur : _____

Mot de Passe : _____

Email : _____

Téléphone : _____

Notes : _____

Mes Mots de Passe

Site Web : _____

Nom d'utilisateur : _____

Mot de Passe : _____

Email : _____

Téléphone : _____

Notes : _____

Site Web : _____

Nom d'utilisateur : _____

Mot de Passe : _____

Email : _____

Téléphone : _____

Notes : _____

Site Web : _____

Nom d'utilisateur : _____

Mot de Passe : _____

Email : _____

Téléphone : _____

Notes : _____

Mes Mots de Passe

Site Web : _____

Nom d'utilisateur : _____

Mot de Passe : _____

Email : _____

Téléphone : _____

Notes : _____

Site Web : _____

Nom d'utilisateur : _____

Mot de Passe : _____

Email : _____

Téléphone : _____

Notes : _____

Site Web : _____

Nom d'utilisateur : _____

Mot de Passe : _____

Email : _____

Téléphone : _____

Notes : _____

Mes Mots de Passe

Site Web : _____

Nom d'utilisateur : _____

Mot de Passe : _____

Email : _____

Téléphone : _____

Notes : _____

Site Web : _____

Nom d'utilisateur : _____

Mot de Passe : _____

Email : _____

Téléphone : _____

Notes : _____

Site Web : _____

Nom d'utilisateur : _____

Mot de Passe : _____

Email : _____

Téléphone : _____

Notes : _____

Mes Mots de Passe

Site Web : _____

Nom d'utilisateur : _____

Mot de Passe : _____

Email : _____

Téléphone : _____

Notes : _____

Site Web : _____

Nom d'utilisateur : _____

Mot de Passe : _____

Email : _____

Téléphone : _____

Notes : _____

Site Web : _____

Nom d'utilisateur : _____

Mot de Passe : _____

Email : _____

Téléphone : _____

Notes : _____

Mes Mots de Passe

Site Web :_____

Nom d'utilisateur :_____

Mot de Passe :_____

Email :_____

Téléphone :_____

Notes :_____

Site Web :_____

Nom d'utilisateur :_____

Mot de Passe :_____

Email :_____

Téléphone :_____

Notes :_____

Site Web :_____

Nom d'utilisateur :_____

Mot de Passe :_____

Email :_____

Téléphone :_____

Notes :_____

Mes Mots de Passe

Site Web : _____

Nom d'utilisateur : _____

Mot de Passe : _____

Email : _____

Téléphone : _____

Notes : _____

Site Web : _____

Nom d'utilisateur : _____

Mot de Passe : _____

Email : _____

Téléphone : _____

Notes : _____

Site Web : _____

Nom d'utilisateur : _____

Mot de Passe : _____

Email : _____

Téléphone : _____

Notes : _____

Mes Mots de Passe

Site Web :_____

Nom d'utilisateur :_____

Mot de Passe :_____

Email :_____

Téléphone :_____

Notes :_____

Site Web :_____

Nom d'utilisateur :_____

Mot de Passe :_____

Email :_____

Téléphone :_____

Notes :_____

Site Web :_____

Nom d'utilisateur :_____

Mot de Passe :_____

Email :_____

Téléphone :_____

Notes :_____

Mes Mots de Passe

Site Web : _____

Nom d'utilisateur : _____

Mot de Passe : _____

Email : _____

Téléphone : _____

Notes : _____

Site Web : _____

Nom d'utilisateur : _____

Mot de Passe : _____

Email : _____

Téléphone : _____

Notes : _____

Site Web : _____

Nom d'utilisateur : _____

Mot de Passe : _____

Email : _____

Téléphone : _____

Notes : _____

Mes Mots de Passe

Site Web :_____

Nom d'utilisateur :_____

Mot de Passe :_____

Email :_____

Téléphone :_____

Notes :_____

Site Web :_____

Nom d'utilisateur :_____

Mot de Passe :_____

Email :_____

Téléphone :_____

Notes :_____

Site Web :_____

Nom d'utilisateur :_____

Mot de Passe :_____

Email :_____

Téléphone :_____

Notes :_____

Mes Mots de Passe

Site Web :_____

Nom d'utilisateur :_____

Mot de Passe :_____

Email :_____

Téléphone :_____

Notes :_____

Site Web :_____

Nom d'utilisateur :_____

Mot de Passe :_____

Email :_____

Téléphone :_____

Notes :_____

Site Web :_____

Nom d'utilisateur :_____

Mot de Passe :_____

Email :_____

Téléphone :_____

Notes :_____

Mes Mots de Passe

Site Web : _____

Nom d'utilisateur : _____

Mot de Passe : _____

Email : _____

Téléphone : _____

Notes : _____

Site Web : _____

Nom d'utilisateur : _____

Mot de Passe : _____

Email : _____

Téléphone : _____

Notes : _____

Site Web : _____

Nom d'utilisateur : _____

Mot de Passe : _____

Email : _____

Téléphone : _____

Notes : _____

Mes Mots de Passe

Site Web :_____

Nom d'utilisateur :_____

Mot de Passe :_____

Email :_____

Téléphone :_____

Notes :_____

Site Web :_____

Nom d'utilisateur :_____

Mot de Passe :_____

Email :_____

Téléphone :_____

Notes :_____

Site Web :_____

Nom d'utilisateur :_____

Mot de Passe :_____

Email :_____

Téléphone :_____

Notes :_____

Mes Mots de Passe

Site Web :_____

Nom d'utilisateur :_____

Mot de Passe :_____

Email :_____

Téléphone :_____

Notes :_____

Site Web :_____

Nom d'utilisateur :_____

Mot de Passe :_____

Email :_____

Téléphone :_____

Notes :_____

Site Web :_____

Nom d'utilisateur :_____

Mot de Passe :_____

Email :_____

Téléphone :_____

Notes :_____

Mes Mots de Passe

Site Web :_____

Nom d'utilisateur :_____

Mot de Passe :_____

Email :_____

Téléphone :_____

Notes :_____

Site Web :_____

Nom d'utilisateur :_____

Mot de Passe :_____

Email :_____

Téléphone :_____

Notes :_____

Site Web :_____

Nom d'utilisateur :_____

Mot de Passe :_____

Email :_____

Téléphone :_____

Notes :_____

Mes Mots de Passe

Site Web : _____

Nom d'utilisateur : _____

Mot de Passe : _____

Email : _____

Téléphone : _____

Notes : _____

Site Web : _____

Nom d'utilisateur : _____

Mot de Passe : _____

Email : _____

Téléphone : _____

Notes : _____

Site Web : _____

Nom d'utilisateur : _____

Mot de Passe : _____

Email : _____

Téléphone : _____

Notes : _____

Mes Mots de Passe

Site Web : _____

Nom d'utilisateur : _____

Mot de Passe : _____

Email : _____

Téléphone : _____

Notes : _____

Site Web : _____

Nom d'utilisateur : _____

Mot de Passe : _____

Email : _____

Téléphone : _____

Notes : _____

Site Web : _____

Nom d'utilisateur : _____

Mot de Passe : _____

Email : _____

Téléphone : _____

Notes : _____

Mes Mots de Passe

Site Web : _____

Nom d'utilisateur : _____

Mot de Passe : _____

Email : _____

Téléphone : _____

Notes : _____

Site Web : _____

Nom d'utilisateur : _____

Mot de Passe : _____

Email : _____

Téléphone : _____

Notes : _____

Site Web : _____

Nom d'utilisateur : _____

Mot de Passe : _____

Email : _____

Téléphone : _____

Notes : _____

Mes Mots de Passe

Site Web :_____

Nom d'utilisateur :_____

Mot de Passe :_____

Email :_____

Téléphone :_____

Notes :_____

Site Web :_____

Nom d'utilisateur :_____

Mot de Passe :_____

Email :_____

Téléphone :_____

Notes :_____

Site Web :_____

Nom d'utilisateur :_____

Mot de Passe :_____

Email :_____

Téléphone :_____

Notes :_____

Mes Mots de Passe

Site Web :_____

Nom d'utilisateur :_____

Mot de Passe :_____

Email :_____

Téléphone :_____

Notes :_____

Site Web :_____

Nom d'utilisateur :_____

Mot de Passe :_____

Email :_____

Téléphone :_____

Notes :_____

Site Web :_____

Nom d'utilisateur :_____

Mot de Passe :_____

Email :_____

Téléphone :_____

Notes :_____

Mes Mots de Passe

Site Web : _____

Nom d'utilisateur : _____

Mot de Passe : _____

Email : _____

Téléphone : _____

Notes : _____

Site Web : _____

Nom d'utilisateur : _____

Mot de Passe : _____

Email : _____

Téléphone : _____

Notes : _____

Site Web : _____

Nom d'utilisateur : _____

Mot de Passe : _____

Email : _____

Téléphone : _____

Notes : _____

Mes Mots de Passe

Site Web : _____

Nom d'utilisateur : _____

Mot de Passe : _____

Email : _____

Téléphone : _____

Notes : _____

Site Web : _____

Nom d'utilisateur : _____

Mot de Passe : _____

Email : _____

Téléphone : _____

Notes : _____

Site Web : _____

Nom d'utilisateur : _____

Mot de Passe : _____

Email : _____

Téléphone : _____

Notes : _____

Mes Mots de Passe

Site Web :_____

Nom d'utilisateur :_____

Mot de Passe :_____

Email :_____

Téléphone :_____

Notes :_____

Site Web :_____

Nom d'utilisateur :_____

Mot de Passe :_____

Email :_____

Téléphone :_____

Notes :_____

Site Web :_____

Nom d'utilisateur :_____

Mot de Passe :_____

Email :_____

Téléphone :_____

Notes :_____

Mes Mots de Passe

Site Web :_____

Nom d'utilisateur :_____

Mot de Passe :_____

Email :_____

Téléphone :_____

Notes :_____

Site Web :_____

Nom d'utilisateur :_____

Mot de Passe :_____

Email :_____

Téléphone :_____

Notes :_____

Site Web :_____

Nom d'utilisateur :_____

Mot de Passe :_____

Email :_____

Téléphone :_____

Notes :_____

Mes Mots de Passe

Site Web : _____

Nom d'utilisateur : _____

Mot de Passe : _____

Email : _____

Téléphone : _____

Notes : _____

Site Web : _____

Nom d'utilisateur : _____

Mot de Passe : _____

Email : _____

Téléphone : _____

Notes : _____

Site Web : _____

Nom d'utilisateur : _____

Mot de Passe : _____

Email : _____

Téléphone : _____

Notes : _____

Mes Mots de Passe

Site Web :_____

Nom d'utilisateur :_____

Mot de Passe :_____

Email :_____

Téléphone :_____

Notes :_____

Site Web :_____

Nom d'utilisateur :_____

Mot de Passe :_____

Email :_____

Téléphone :_____

Notes :_____

Site Web :_____

Nom d'utilisateur :_____

Mot de Passe :_____

Email :_____

Téléphone :_____

Notes :_____

Mes Mots de Passe

Site Web :_____

Nom d'utilisateur :_____

Mot de Passe :_____

Email :_____

Téléphone :_____

Notes :_____

Site Web :_____

Nom d'utilisateur :_____

Mot de Passe :_____

Email :_____

Téléphone :_____

Notes :_____

Site Web :_____

Nom d'utilisateur :_____

Mot de Passe :_____

Email :_____

Téléphone :_____

Notes :_____

Mes Mots de Passe

Site Web :_____

Nom d'utilisateur :_____

Mot de Passe :_____

Email :_____

Téléphone :_____

Notes :_____

Site Web :_____

Nom d'utilisateur :_____

Mot de Passe :_____

Email :_____

Téléphone :_____

Notes :_____

Site Web :_____

Nom d'utilisateur :_____

Mot de Passe :_____

Email :_____

Téléphone :_____

Notes :_____

Mes Mots de Passe

Site Web : _____

Nom d'utilisateur : _____

Mot de Passe : _____

Email : _____

Téléphone : _____

Notes : _____

Site Web : _____

Nom d'utilisateur : _____

Mot de Passe : _____

Email : _____

Téléphone : _____

Notes : _____

Site Web : _____

Nom d'utilisateur : _____

Mot de Passe : _____

Email : _____

Téléphone : _____

Notes : _____

Mes Mots de Passe

Site Web : _____

Nom d'utilisateur : _____

Mot de Passe : _____

Email : _____

Téléphone : _____

Notes : _____

Site Web : _____

Nom d'utilisateur : _____

Mot de Passe : _____

Email : _____

Téléphone : _____

Notes : _____

Site Web : _____

Nom d'utilisateur : _____

Mot de Passe : _____

Email : _____

Téléphone : _____

Notes : _____

Mes Mots de Passe

Site Web : _____

Nom d'utilisateur : _____

Mot de Passe : _____

Email : _____

Téléphone : _____

Notes : _____

Site Web : _____

Nom d'utilisateur : _____

Mot de Passe : _____

Email : _____

Téléphone : _____

Notes : _____

Site Web : _____

Nom d'utilisateur : _____

Mot de Passe : _____

Email : _____

Téléphone : _____

Notes : _____

Mes Mots de Passe

Site Web :_____

Nom d'utilisateur :_____

Mot de Passe :_____

Email :_____

Téléphone :_____

Notes :_____

Site Web :_____

Nom d'utilisateur :_____

Mot de Passe :_____

Email :_____

Téléphone :_____

Notes :_____

Site Web :_____

Nom d'utilisateur :_____

Mot de Passe :_____

Email :_____

Téléphone :_____

Notes :_____

Mes Mots de Passe

Site Web :_____

Nom d'utilisateur :_____

Mot de Passe :_____

Email :_____

Téléphone :_____

Notes :_____

Site Web :_____

Nom d'utilisateur :_____

Mot de Passe :_____

Email :_____

Téléphone :_____

Notes :_____

Site Web :_____

Nom d'utilisateur :_____

Mot de Passe :_____

Email :_____

Téléphone :_____

Notes :_____

Mes Mots de Passe

Site Web :_____

Nom d'utilisateur :_____

Mot de Passe :_____

Email :_____

Téléphone :_____

Notes :_____

Site Web :_____

Nom d'utilisateur :_____

Mot de Passe :_____

Email :_____

Téléphone :_____

Notes :_____

Site Web :_____

Nom d'utilisateur :_____

Mot de Passe :_____

Email :_____

Téléphone :_____

Notes :_____

Mes Mots de Passe

Site Web : _____

Nom d'utilisateur : _____

Mot de Passe : _____

Email : _____

Téléphone : _____

Notes : _____

Site Web : _____

Nom d'utilisateur : _____

Mot de Passe : _____

Email : _____

Téléphone : _____

Notes : _____

Site Web : _____

Nom d'utilisateur : _____

Mot de Passe : _____

Email : _____

Téléphone : _____

Notes : _____

Mes Mots de Passe

Site Web : _____

Nom d'utilisateur : _____

Mot de Passe : _____

Email : _____

Téléphone : _____

Notes : _____

Site Web : _____

Nom d'utilisateur : _____

Mot de Passe : _____

Email : _____

Téléphone : _____

Notes : _____

Site Web : _____

Nom d'utilisateur : _____

Mot de Passe : _____

Email : _____

Téléphone : _____

Notes : _____

Mes Mots de Passe

Site Web : _____

Nom d'utilisateur : _____

Mot de Passe : _____

Email : _____

Téléphone : _____

Notes : _____

Site Web : _____

Nom d'utilisateur : _____

Mot de Passe : _____

Email : _____

Téléphone : _____

Notes : _____

Site Web : _____

Nom d'utilisateur : _____

Mot de Passe : _____

Email : _____

Téléphone : _____

Notes : _____

Mes Mots de Passe

Site Web :_____

Nom d'utilisateur :_____

Mot de Passe :_____

Email :_____

Téléphone :_____

Notes :_____

Site Web :_____

Nom d'utilisateur :_____

Mot de Passe :_____

Email :_____

Téléphone :_____

Notes :_____

Site Web :_____

Nom d'utilisateur :_____

Mot de Passe :_____

Email :_____

Téléphone :_____

Notes :_____

Mes Mots de Passe

Site Web : _____

Nom d'utilisateur : _____

Mot de Passe : _____

Email : _____

Téléphone : _____

Notes : _____

Site Web : _____

Nom d'utilisateur : _____

Mot de Passe : _____

Email : _____

Téléphone : _____

Notes : _____

Site Web : _____

Nom d'utilisateur : _____

Mot de Passe : _____

Email : _____

Téléphone : _____

Notes : _____

Mes Mots de Passe

Site Web :_____

Nom d'utilisateur :_____

Mot de Passe :_____

Email :_____

Téléphone :_____

Notes :_____

Site Web :_____

Nom d'utilisateur :_____

Mot de Passe :_____

Email :_____

Téléphone :_____

Notes :_____

Site Web :_____

Nom d'utilisateur :_____

Mot de Passe :_____

Email :_____

Téléphone :_____

Notes :_____

Mes Mots de Passe

Site Web :_____

Nom d'utilisateur :_____

Mot de Passe :_____

Email :_____

Téléphone :_____

Notes :_____

Site Web :_____

Nom d'utilisateur :_____

Mot de Passe :_____

Email :_____

Téléphone :_____

Notes :_____

Site Web :_____

Nom d'utilisateur :_____

Mot de Passe :_____

Email :_____

Téléphone :_____

Notes :_____

Mes Mots de Passe

Site Web : _____

Nom d'utilisateur : _____

Mot de Passe : _____

Email : _____

Téléphone : _____

Notes : _____

Site Web : _____

Nom d'utilisateur : _____

Mot de Passe : _____

Email : _____

Téléphone : _____

Notes : _____

Site Web : _____

Nom d'utilisateur : _____

Mot de Passe : _____

Email : _____

Téléphone : _____

Notes : _____

Mes Mots de Passe

Site Web : _____

Nom d'utilisateur : _____

Mot de Passe : _____

Email : _____

Téléphone : _____

Notes : _____

Site Web : _____

Nom d'utilisateur : _____

Mot de Passe : _____

Email : _____

Téléphone : _____

Notes : _____

Site Web : _____

Nom d'utilisateur : _____

Mot de Passe : _____

Email : _____

Téléphone : _____

Notes : _____

Mes Mots de Passe

Site Web : _____

Nom d'utilisateur : _____

Mot de Passe : _____

Email : _____

Téléphone : _____

Notes : _____

Site Web : _____

Nom d'utilisateur : _____

Mot de Passe : _____

Email : _____

Téléphone : _____

Notes : _____

Site Web : _____

Nom d'utilisateur : _____

Mot de Passe : _____

Email : _____

Téléphone : _____

Notes : _____

Mes Mots de Passe

Site Web :_____

Nom d'utilisateur :_____

Mot de Passe :_____

Email :_____

Téléphone :_____

Notes :_____

Site Web :_____

Nom d'utilisateur :_____

Mot de Passe :_____

Email :_____

Téléphone :_____

Notes :_____

Site Web :_____

Nom d'utilisateur :_____

Mot de Passe :_____

Email :_____

Téléphone :_____

Notes :_____

Mes Mots de Passe

Site Web : _____

Nom d'utilisateur : _____

Mot de Passe : _____

Email : _____

Téléphone : _____

Notes : _____

Site Web : _____

Nom d'utilisateur : _____

Mot de Passe : _____

Email : _____

Téléphone : _____

Notes : _____

Site Web : _____

Nom d'utilisateur : _____

Mot de Passe : _____

Email : _____

Téléphone : _____

Notes : _____

Mes Mots de Passe

Site Web :_____

Nom d'utilisateur :_____

Mot de Passe :_____

Email :_____

Téléphone :_____

Notes :_____

Site Web :_____

Nom d'utilisateur :_____

Mot de Passe :_____

Email :_____

Téléphone :_____

Notes :_____

Site Web :_____

Nom d'utilisateur :_____

Mot de Passe :_____

Email :_____

Téléphone :_____

Notes :_____

Mes Mots de Passe

Site Web : _____

Nom d'utilisateur : _____

Mot de Passe : _____

Email : _____

Téléphone : _____

Notes : _____

Site Web : _____

Nom d'utilisateur : _____

Mot de Passe : _____

Email : _____

Téléphone : _____

Notes : _____

Site Web : _____

Nom d'utilisateur : _____

Mot de Passe : _____

Email : _____

Téléphone : _____

Notes : _____

Mes Mots de Passe

Site Web : _____

Nom d'utilisateur : _____

Mot de Passe : _____

Email : _____

Téléphone : _____

Notes : _____

Site Web : _____

Nom d'utilisateur : _____

Mot de Passe : _____

Email : _____

Téléphone : _____

Notes : _____

Site Web : _____

Nom d'utilisateur : _____

Mot de Passe : _____

Email : _____

Téléphone : _____

Notes : _____

Mes Mots de Passe

Site Web :_____

Nom d'utilisateur :_____

Mot de Passe :_____

Email :_____

Téléphone :_____

Notes :_____

Site Web :_____

Nom d'utilisateur :_____

Mot de Passe :_____

Email :_____

Téléphone :_____

Notes :_____

Site Web :_____

Nom d'utilisateur :_____

Mot de Passe :_____

Email :_____

Téléphone :_____

Notes :_____

Mes Mots de Passe

Site Web :_____

Nom d'utilisateur :_____

Mot de Passe :_____

Email :_____

Téléphone :_____

Notes :_____

Site Web :_____

Nom d'utilisateur :_____

Mot de Passe :_____

Email :_____

Téléphone :_____

Notes :_____

Site Web :_____

Nom d'utilisateur :_____

Mot de Passe :_____

Email :_____

Téléphone :_____

Notes :_____

Mes Mots de Passe

Site Web :_____

Nom d'utilisateur :_____

Mot de Passe :_____

Email :_____

Téléphone :_____

Notes :_____

Site Web :_____

Nom d'utilisateur :_____

Mot de Passe :_____

Email :_____

Téléphone :_____

Notes :_____

Site Web :_____

Nom d'utilisateur :_____

Mot de Passe :_____

Email :_____

Téléphone :_____

Notes :_____

Mes Mots de Passe

Site Web :_____

Nom d'utilisateur :_____

Mot de Passe :_____

Email :_____

Téléphone :_____

Notes :_____

Site Web :_____

Nom d'utilisateur :_____

Mot de Passe :_____

Email :_____

Téléphone :_____

Notes :_____

Site Web :_____

Nom d'utilisateur :_____

Mot de Passe :_____

Email :_____

Téléphone :_____

Notes :_____

Mes Mots de Passe

Site Web : _____

Nom d'utilisateur : _____

Mot de Passe : _____

Email : _____

Téléphone : _____

Notes : _____

Site Web : _____

Nom d'utilisateur : _____

Mot de Passe : _____

Email : _____

Téléphone : _____

Notes : _____

Site Web : _____

Nom d'utilisateur : _____

Mot de Passe : _____

Email : _____

Téléphone : _____

Notes : _____

Mes Mots de Passe

Site Web :_____

Nom d'utilisateur :_____

Mot de Passe :_____

Email :_____

Téléphone :_____

Notes :_____

Site Web :_____

Nom d'utilisateur :_____

Mot de Passe :_____

Email :_____

Téléphone :_____

Notes :_____

Site Web :_____

Nom d'utilisateur :_____

Mot de Passe :_____

Email :_____

Téléphone :_____

Notes :_____

Mes Mots de Passe

Site Web :_____

Nom d'utilisateur :_____

Mot de Passe :_____

Email :_____

Téléphone :_____

Notes :_____

Site Web :_____

Nom d'utilisateur :_____

Mot de Passe :_____

Email :_____

Téléphone :_____

Notes :_____

Site Web :_____

Nom d'utilisateur :_____

Mot de Passe :_____

Email :_____

Téléphone :_____

Notes :_____

Mes Mots de Passe

Site Web :_____

Nom d'utilisateur :_____

Mot de Passe :_____

Email :_____

Téléphone :_____

Notes :_____

Site Web :_____

Nom d'utilisateur :_____

Mot de Passe :_____

Email :_____

Téléphone :_____

Notes :_____

Site Web :_____

Nom d'utilisateur :_____

Mot de Passe :_____

Email :_____

Téléphone :_____

Notes :_____

Mes Mots de Passe

Site Web : _____

Nom d'utilisateur : _____

Mot de Passe : _____

Email : _____

Téléphone : _____

Notes : _____

Site Web : _____

Nom d'utilisateur : _____

Mot de Passe : _____

Email : _____

Téléphone : _____

Notes : _____

Site Web : _____

Nom d'utilisateur : _____

Mot de Passe : _____

Email : _____

Téléphone : _____

Notes : _____

Z Mes Mots de Passe

Site Web : _____

Nom d'utilisateur : _____

Mot de Passe : _____

Email : _____

Téléphone : _____

Notes : _____

Site Web : _____

Nom d'utilisateur : _____

Mot de Passe : _____

Email : _____

Téléphone : _____

Notes : _____

Site Web : _____

Nom d'utilisateur : _____

Mot de Passe : _____

Email : _____

Téléphone : _____

Notes : _____

Mes Mots de Passe

Site Web : _____

Nom d'utilisateur : _____

Mot de Passe : _____

Email : _____

Téléphone : _____

Notes : _____

Site Web : _____

Nom d'utilisateur : _____

Mot de Passe : _____

Email : _____

Téléphone : _____

Notes : _____

Site Web : _____

Nom d'utilisateur : _____

Mot de Passe : _____

Email : _____

Téléphone : _____

Notes : _____

Z Mes Mots de Passe

Site Web : _____

Nom d'utilisateur : _____

Mot de Passe : _____

Email : _____

Téléphone : _____

Notes : _____

Site Web : _____

Nom d'utilisateur : _____

Mot de Passe : _____

Email : _____

Téléphone : _____

Notes : _____

Site Web : _____

Nom d'utilisateur : _____

Mot de Passe : _____

Email : _____

Téléphone : _____

Notes : _____

Mes Mots de Passe

Site Web : _____

Nom d'utilisateur : _____

Mot de Passe : _____

Email : _____

Téléphone : _____

Notes : _____

Site Web : _____

Nom d'utilisateur : _____

Mot de Passe : _____

Email : _____

Téléphone : _____

Notes : _____

Site Web : _____

Nom d'utilisateur : _____

Mot de Passe : _____

Email : _____

Téléphone : _____

Notes : _____

9 781656 073969